BEI GRIN MACHT SICH IHR WISSEN BEZAHLT

- Wir veröffentlichen Ihre Hausarbeit,
  Bachelor- und Masterarbeit

- Ihr eigenes eBook und Buch -
  weltweit in allen wichtigen Shops

- Verdienen Sie an jedem Verkauf

Jetzt bei www.GRIN.com hochladen und kostenlos publizieren

Einfluss der Kognition auf verschiedene Lerntheorien und Anwendung des Modelllernens in der Prävention

Louisa Papke

Bibliografische Information der Deutschen Nationalbibliothek:

Die Deutsche Nationalbibliothek verzeichnet diese Publikation in der Deutschen Nationalbibliografie; detaillierte bibliografische Daten sind im Internet über http://dnb.d-nb.de abrufbar.

ISBN: 9783346570253
Dieses Buch ist auch als E-Book erhältlich.

© GRIN Publishing GmbH
Nymphenburger Straße 86
80636 München

Druck und Bindung: Books on Demand GmbH, Norderstedt Germany
Gedruckt auf säurefreiem Papier aus verantwortungsvollen Quellen

Das vorliegende Werk wurde sorgfältig erarbeitet. Dennoch übernehmen Autoren und Verlag für die Richtigkeit von Angaben, Hinweisen, Links und Ratschlägen sowie eventuelle Druckfehler keine Haftung.

Das Buch bei GRIN: https://www.grin.com/document/1163510

Hausarbeit zu Alternative B:

Der Einfluss der Kognition auf verschiedene Lerntheorien und die Anwendung des Modelllernens in der Prävention.

Eingesandt: 15.06.2021
SRH Fernhochschule

Modul: Allgemeine Psychologie 1
Studiengang: Gesundheitspsychologie und Prävention

von: Louisa Papke

Inhaltsverzeichnis

Abkürzungsverzeichnis

w.z.B.	wie zum Beispiel
bspw.	beispielsweise
u. a.	unter anderem
bzw.	beziehungsweise
evtl.	eventuell
b.z.B.	bei zum Beispiel

1 Einleitung

Eine Studie von Kommunikations- und Medienwissenschaftlerin Dr. Karin Knop, die eine Untersuchung zum Umgang mit mobilen und digitalen Medien leitete, ergab, dass fast jeder zehnte Smartphone-Besitzer zwischen 8-14 Jahren suchtgefährdet ist. Ferner weisen die jungen Menschen ein erhöhtes Risiko auf Funktionsstörung des gesamten Rückens auf. Eine Studie des New Yorker Wirbelsäulenchirurgen Kenneth Hansraj zeigte auf, dass das Tippen und das Lesen am Handy besonders beim Laufen, eine starke Belastung aufweist.[1] Die Ursache liegt in den meisten Fällen bei den Eltern, denn sie übernehmen in den ersten Lebensjahren eine Modellfunktion für ihre Kinder. Die Kleinen backen Sandkuchen und klettern und die Eltern schauen aufs Handy, dies ist für viele Familien der Alltag. Ein anderer Sachverhalt beschreibt, dass es Verkehrsteilnehmer gibt, die unter Alkoholeinfluss weiterhin am Straßenverkehr teilnehmen, obwohl ihr Reaktionsvermögen eingeschränkt ist. Durch das Erhalten von Strafpunkten oder dem Entzug des Führerscheines wird ihnen bewusst, dass sie verkehrswidrig gehandelt haben und es in Zukunft unterlassen werden. Hier wird deutlich, dass in beiden Fällen das Lernen eine entscheidende Rolle einnimmt, im ersten Sachverhalt durch das Modelllernen und im Zweiten mit der operanten Konditionierung.

Mit dem Begriff Lernen assoziiert die Psychologie das Verhalten und die Verhaltensänderung, wohingegen das Lernen im alltäglichen Sprachgebrauch mit dem Erlernen von Fähigkeiten oder Wissen in Verbindung gebracht wird. Aktuelle Studien von Kognitionspsychologen fanden heraus, dass die Kognition einen großen Einfluss in den verschiedenen Lerntheorien hat. Die Annahme von Behavioristen wurde somit widerlegt, welche davon ausgingen, dass die Kognition keinen Einfluss auf die verschiedenen Lerntheorien hat. In der Praxis wird sehr häufig das Lernen durch Beobachtung von anderen Personen angewandt, genannt Modelllernen sowie die daraus folgende Imitation. Den neuen Technologien durch Sozial Media wird hierbei eine große Bedeutung zugeschrieben.

Ziel dieser Arbeit ist es zu verdeutlichen, dass die Kognitionen eine bedeutende Rolle in den verschiedenen Lerntheorien einnehmen und das, dass Modelllernen

---

[1] Vgl. Handelsblatt GmbH, 2021 / Bartens, 2014

mit dem Focus der Prävention in der Praxis Verwendung findet. Die unterschiedlichen Lerntheorien, die klassische und die operante Konditionierung, das kognitive Lernen, sowie das Modelllernen werden zur Verdeutlichung im **Kapitel 2** erläutert. Hierbei wird auf die Rolle der Kognition in den jeweiligen Formen des Lernens eingegangen. Anschließend werden in **Kapitel 3** die Einsatzfelder des Modelllernens aufgezeigt und dabei die vier basalen Prozesse detailliert erläutert. **Kapitel 4** hinterfragt kritisch, die Chancen und Risiken bezüglich Sozial Media auf das Modelllernen, während **Kapitel 5** das Fazit sowie den Ausblick in die Zukunft beinhaltet.

2 Lernen

Eines der zentralen Phänomene menschlichen und tierischen Verhaltens ist die Fähigkeit aus früheren Erfahrungen zu lernen, um den Anforderungen einer sich ständig verändernden Umwelt, zu entsprechen. Für die meisten Organismen bedeutet die Fähigkeit zu lernen und zu erinnern, die Fähigkeit zu überleben. Besonders beim Menschen erreicht das Lernen die höchste Flexibilität. Ursächlich ist hierfür, dass der Mensch mit geringsten vorprogrammierten Verhaltensmustern ausgestattet ist und somit unverzichtbar auf das Lernen angewiesen ist. Das Lernen beginnt mit dem Beginn des Lebens und setzt sich in jedem Lebensalter fort. Durch verschiedenartige Erfahrungen im Lernen sind Menschen in der Lage, Verhaltensmuster zu modifizieren und emotionale Reaktionen wahrzunehmen und mit ihnen umzugehen.[2] Kaum ein Thema kommt laut Myers dem "Kern der Psychologie" näher als das Lernen.[3] In der wissenschaftlichen Psychologie unterscheidet sich die Bedeutung des Begriffs Lernens in gewissem Maße von der Alltagssprache. Im allgemeinen Sprachgebrauch bezeichnet das Lernen den Erwerb von Wissen w.z.B. der motorischen und sprachlichen Fertigkeiten. In der Psychologie versteht man unter dem Begriff Lernen, das Verhalten und die Verhaltensänderungen, aufgrund von Reizen in der klassischen und operanten Konditionierung oder aufgrund von Beobachtung im Modelllernen. In der Gedächtnisforschung stellte sich zudem heraus, dass der global umrissene Lernprozess mit verschiedenen Lernarten einhergeht. Je nachdem als Lernparadigmen gewählten Forschungsansätzen, wurden so bestimmte Gesetzesmäßigkei-

---

[2] Vgl. Becker-Carus & Wendt 2017, S. 292
[3] Vgl. Myers 2014, S. 290

ten des Lernens gefunden.[4] Um die unterschiedlichen Lerntheorien zu verdeutlichen, beschäftigen sich die nächsten Abschnitte mit der klassischen und operanten Konditionierung, dem kognitiven Lernen und dem Modelllernen. Zusätzlich wird hierbei auf die Rolle der Kognition, in den verschiedenen Formen des Lernens eingegangen.

2.1 Klassische Konditionierung

2.1.1 Erklärung des Konzepts: Klassische Konditionierung

Der russische Entdecker Ivan Pawlow besagt, dass im Verlauf der klassischen Konditionierung, ein zuvor neutraler Reiz mit einem anderen Reiz (der ein Verhalten auslöst), durch wiederholtes gemeinsames Auftreten assoziiert wird.[5] Unterschieden wird hierbei, zwischen der unkonditionierten Reaktion/Stimulus (UCR/UCS), der konditionierten Reaktion/Stimulus (CR/CS) und dem neutralen Stimulus (NS).[6] Zur Verdeutlichung hat Ivan Pawlow ein Experiment mit Hunden durchgeführt, welches den Zusammenhang von Speichelfluss und Verdauung widerspiegelt. Bei Hunden entsteht beim Anblick von Futter vermehrt Speichelbildung, dieser Reiz wird auch als unkonditionierter Reiz bezeichnet. Beim Versuch verwendete Pawlow ein Klingelzeichen (neutraler Reiz), dessen Geräusch ohne Information anfangs keinen Effekt beim Hund erzielt und somit für ihn als nutzlos erscheint. Unmittelbar vor der Verabreichung des Futters, ließ Pawlow nun das Klingelzeichen ertönen, woraufhin der Hund reagierte und nach einigen Durchgängen die Klingel mit dem Futter assoziierte. Somit wurde das Klingelzeichen zu einem konditionierten Reiz, welcher zur Konsequenz nun eine konditionierte Reaktion brachte. Eine Notwendigkeit hierbei ist, dass das akustische Signal und das Geben des Hundefutters nicht stark zeitversetzt stattfindet, denn so würde es zu keiner Konditionierung kommen. Das zweite Experiment mit dem Jungen namens Albert zeigte wiederum, dass Reizgeneralisierungen entstehen können. Hierbei wird nicht nur auf einen bestimmten Reiz reagiert, sondern auf eine Vielzahl ähnlicher Reize. Albert wurde beigebracht, dass beim Sehen von Ratten ein lautes Geräusch (unkonditionierter Reiz) passiert und er beim Anblick der Ratte Angst bekam. Diese Angst übertrug sich auf weitere Tiere mit Fell(Reiz-

---

[4] Vgl. Becker-Carus & Wendt 2017, S. 292
[5] Vgl. Becker-Carus & Wendt 2017, S. 292
[6] Vgl. Myers 2014, S. 294

generalisierung). Das Gegenstück dazu ist die Reizdiskrimination, welche eine Reaktion auf einen bestimmten Reiz eingrenzt.[7] Deutlich wird die Konditionierung auch an praktischen Alltagsbeispielen z.b. dem Ertönen der Schulglocke.[8]

Im Bereich der Verhaltenstherapie finden Konditionierungsprozesse praktische Anwendung im Rahmen der Psychologie. Ängste oder emotionale Reaktionen können somit erworben, aber auch wieder verlernt werden mit einem Angstreiz.[9] Mit Hilfe der evaluativen Konditionierung ist es Forschern gelungen, durch positive oder negative Hintergrundmusik, die Kaufentscheidungen von Menschen zu beeinflussen. Diese Strategie findet Anwendung im Bereich des Marketings, um ein neutrales Produkt mit positiven Assoziationen zu belegen.[10] Mit der Zeit entstanden in der klassischen Konditionierung neuere Entwicklungen und Überlegungen, die die Wirkungsweise der Konditionierung betreffen. Aus diesem Grund versucht die Forschung seit Pawlos Zeiten, den entscheidenden Faktor des Assoziierens von dem es abhängt, ob klassische Konditionierung überhaupt gelingt, genauer zu bestimmen. Im nächsten Abschnitt wird auf die Frage eingegangen, welchen Einfluss die Kognition auf die klassische Konditionierung hat.

2.1.2 Einfluss von Kognition auf klassische Konditionierung

Aus kognitionspsychologischer Sicht lässt sich die klassische Konditionierung aufgrund einer Vorhersage erläutern. Das bedeutet, dass die Folgen des eigenen Handelns für den Organismus in einem gewissen Maße vorhersagbar sein müssen.[11] Diese Vorhersage kann dem Menschen ein negatives oder positives Gefühl vermitteln. Wenn ein Kind jeden Sonntagnachmittag die Klingel an der Haustür hört, zu einer Zeit in der immer Oma und Opa zu Besuch kommen, hat es gelernt, das wöchentliche Klingeln am Sonntag mit Oma und Opa in Verbindung zu setzen. Stellt das Kind fest, dass Sonntag statt Oma und Opa die Nachbarn kommen, da die Großeltern weggezogen sind, wird das Kind enttäuscht sein und die Assoziation (Klingel am Sonntagnachmittag = Oma und Opa) wird fast vollständig gelöscht. Nach einiger Zeit könnte das Kind dennoch eine Spontanerholung erlebt haben und somit die Hoffnung bekommen, dass die konditionierte Reaktion

---

[7] Vgl. Becker-Carus & Wendt 2017, S. 298-303
[8] Vgl. Bak 2019, S.19
[9] Vgl. Jansen 2015, S. 32 ; Myers 2014, S. 711
[10] Vgl. Kiesel & Koch 2012, S.26 ; Rieger 2017, S. 348-349
[11] Vgl. Becker-Carus & Wendt 2017, S. 305

(Klingel am Sonntagnachmittag = Oma und Opa) wieder stimmen mag. Hierbei würde sich das Kind nun überlegen, wie wahrscheinlich es ist, dass Oma und Opa vor der Tür stehen, um die Entscheidung zu treffen, nachzusehen oder nicht. Eine besondere Bedeutung erhält die Vorhersagbarkeit auch bei Emotionen und den damit verbundenen Reaktionen. Bspw. kann ein Zahnarzt durch die Ankündigung von Schmerzen, besonders bei Menschen mit erhöhter Angst, die ständige Angst vor Schmerzen mindern. Wenn er jedoch andauernd versichert, dass es nicht wehtut, obwohl der Schmerz spürbar ist, verfügt der Patient nicht über die Sicherheit bei dem Signal der Ankündigung des Zahnarztes. Ein besonderes Phänomen im Rahmen der klassischen Konditionierung ist die Blockierung. Hierbei wird deutlich, dass klassische Konditionierung nicht nur stattfindet, wenn Kontiguität und Kontingenz vorherrschen, sondern wenn der Reiz zusätzliche Informationen für den Organismus enthält und keinen redundanten Prädiktor darstellt.[12] Weitere Techniken der klassischen Konditionierung werden u. a. in der Verhaltenstherapie eingesetzt. In einer Alkoholentzugstherapie wurde den Teilnehmern Alkohol mit übelkeitserregenden Substanzen verabreicht. Das Ziel war, Aversion gegen Alkohol zu konditionieren. Als die Teilnehmer über diesen übelkeitserregenden Zusatz Bescheid wussten, war die Folge, dass die gelernte Verbindung, die Konditionierung zwischen Alkohol und Übelkeit, schwächer ausgeprägt war.[13] Im nächsten Abschnitt wird auf eine weitere Lerntheorie, der operanten Konditionierung eingegangen und dessen Konzept näher erläutert.

2.2 Operante Konditionierung

2.2.1 Erklärung des Konzepts: Operante Konditionierung

Operantes Konditionieren bezeichnet das Lernen neuer Verhaltensweisen. Anders wie bei der klassischen Konditionierung, bei der neutrale Stimuli automatisch mit reaktionsauslösenden Reizen assoziiert werden, lernt der Organismus hierbei, sein eigenes Verhalten als Instrument mit den daraus folgenden Konsequenzen zu assoziieren, die als Belohnung, Erfolg oder Misserfolg erlebt werden. Bei diesem Konzept lernt jedes Individuum, das Ereignisse in der Umwelt (Belohnung oder Bestrafung) von der Ausführung seines Verhaltens abhängig sind. Die operante Konditionierung (bisweilen Synonym instrumentelle Konditionierung)

---

[12] Vgl. Becker-Carus & Wendt 2017, S. 305
[13] Vgl. Jansen 2015, S.58 ; Myers 2014, S. 316

wurde von den Psychologen E.L. Thorndike, J.B. Watson und B.F. Skinner untersucht. Dabei lässt sich dieses Konzept anhand von zwei Experimenten von Skin-
ners und Thorndikes erläutern. In dem Experiment von Thorndikes geht es aus-
schließlich darum, wie Katzen lernen, sich aus einem verschlossenen Käfig zu
befreien. Dabei sperrte Thorndikes die Katzen in eine Box, in der sie verschiedene Möglichkeiten hatten, zu fliehen. Außerhalb der Box befand sich ein Fisch,
der als Belohnung eingesetzt wurde. Durch das wiederholte Einsperren der Katzen, gelang es den Katzen immer schneller zu entkommen. Begründend hierfür
ist, dass sie über das Wissen verfügten, welches Verhalten am Effektivsten zu-
rück in die Freiheit und zum Fisch führte. Die Verhaltensweisen die belohnt werden, im beschriebenen Beispiel die positive Konsequenz durch die Flucht aus der
Box, werden öfter gezeigt. Verhaltensweisen die dagegen als Bestrafung angesehen werden, wie die negative Konsequenz, nicht so schnell aus der Kiste he-
rauszukommen, werden seltener gezeigt bzw. schwächen sich ab oder werden
gelöscht. Thorndikes bezeichnet dies als „Law of Effect".[14]

Der Unterschied zur klassischen Konditionierung besteht darin, dass kein bereits
vorhandenes Verhalten neu erlernt wird. Das folgende Experiment von B.F.
Skinner mit der „Skinner-Box" zeigt, wie sich Lebewesen durch die Techniken der
operanten Konditionierung verschiedenste, ungewöhnliche Verhaltensweisen
antrainieren lassen. Dabei arbeitet Skinner mit Verstärkern, welche die
Wahrscheinlichkeit erhöhen, dass das vorherige Verhalten wiederholt gezeigt
wird. Bei diesem Experiment hatte Skinner, ähnlich wie beim Experiment von
Thorndikes, Ratten in eine „Skinner-Box" eingesperrt. Auch hier wurde nach
Betätigen des Hebels in der Box deutlich, dass durch das Geben der Futterpille,
dass Verhalten der Ratte positiv verstärkt wurde. Das Shaping oder das Chaining-Verfahren ermöglicht zudem, dass der Ratte schrittweise Verhaltensweisen
antrainiert werden.[15] Das Shaping-Verfahren funktioniert, indem die Ratte vor
dem Drücken des Hebels die Futterpille bereits ausgegeben bekommt. Später
bekommt die Ratte nur noch beim Berühren des Hebels und beim
wünschenswerten Verhalten des Hebeldrückens eine Futterpille. Anders als beim
Shaping-Verfahren setzt man die Ratte beim Chaining-Verfahren bereits beim

---

[14] Vgl. Becker-Carus & Wendt 2017, S. 317
[15] Vgl. Becker-Carus & Wendt 2017, S. 318-319 ; Koch, Stahl 2017, S. 324

Hebeldrücken bereit und belohnt sie für dieses Verhalten. Um das Verhalten üben zu können, eine Futterpille zu erhalten, muss die Ratte selbst dort hinlaufen.[16] In der operanten Konditionierung wird jedoch noch genauer zwischen positiven und negativen Verstärkern bzw. Bestrafung unterschieden. Unter einer positiven Verstärkung wird verstanden, dass in dem Fall die Ratte eine Futterpille verabreicht bekommt und das Verhalten erneut zeigt. Eine negative Verstärkung wäre, wenn der Ratte ein unangenehmer Reiz weggenommen wird, bspw. wenn die Box unter Strom steht und dieser Strom erst abgeschaltet wird, wenn die Ratte gewünschtes Verhalten zeigt. Hierbei wird ein aversiver Reiz entfernt, um die Verhaltenswahrscheinlichkeit zu erhöhen. Spricht man von einer positiven Bestrafung, wird bspw. das Gitter der Box, wenn die Ratte unerwünschtes Verhalten des Hebeldrückens zeigt, unter Strom gesetzt, um die Auftretenswahrscheinlichkeit des Verhaltens zu verringern. Bei einer negativen Bestrafung dagegen, würde der Ratte, trotz Betätigen des Hebels, die Futterpille entnommen werden. Die Folge wäre, dass die Ratte in Zukunft den Hebel nicht mehr drückt. In vielen Bereichen des Lebens z.B. in Bildungseinrichtungen findet das Prinzip der operanten Konditionierung statt. Um Lernfortschritte zu verstärken werden hier Mittel in Form von Belohnungen eingesetzt. In Unternehmen wird die Methode der operanten Konditionierung häufig zur Motivation von Mitarbeitern angewandt. Bei der klassischen und operanten Konditionierung mehrten sich in den 70-er Jahren Hinweise, das kognitive Prozesse eine scheinbar größere Rolle spielen. In Folge dessen, wird im nächsten Abschnitt auf die Rolle der Kognition der operanten Konditionierung eingegangen.[17]

2.2.2 Einfluss von Kognition auf operante Konditionierung

Menschen lernen mit Hilfe des „Law of Effect" das Verhalten, das positive Konsequenzen zur Folge hat, das gut ist und weiter bewahrt werden sollte. Ein Verhalten mit negativen Konsequenzen zur Folge ist eher mangelhaft und sollte verändert werden.[18] Es gibt unterschiedliche Situationen, in denen Menschen aufgrund von operant konditionierten Verhalten anders handeln, da sie darüber nachgedacht haben. Nach dem Premack-Prinzip heißt es z.B., dass man eine Aktivität, welche man gerne ausführt, nur dann macht, wenn man davor eine an-

---

[16] Vgl. Becker-Carus & Wendt 2017, S. 328
[17] Vgl. Jansen 2015 a, S. 53-55
[18] Vgl. Becker-Carus & Wendt 2017, S. 318

dere Aktivität gemacht hat.[19] Als Beispiel wäre hierfür ein Kind, welches gerne reitet. Jedoch bleibt dem Kind dies verwehrt (negative Bestrafung), bis es das eigene Zimmer aufgeräumt hat. Im Umkehrschluss bekommt das Kind eine positive Verstärkung (das Reiten), wenn es vor dem Reiten das Zimmer aufräumt. Das Kind kann sich schon vorab Gedanken machen, wann es das Zimmer aufräumt. Im Alltag kann es schnell passieren, dass Menschen ein Verhalten unwillentlich operant konditionieren. Gründe hierfür sind sogenannte unwissentliche Verstärker. Dabei kann sich z.b. ein Kind kontinuierlich beim Spaziergang weinend auf den Boden werfen, um zu signalisieren, dass es keine Lust mehr hat, zu laufen. Nun geben die Eltern allerdings nach und nehmen das Kind auf den Arm, damit das Kind aufhört zu weinen. (positive/unwissentlicher Verstärker). In dieser Situation hat das Kind gelernt, dass wenn es anfängt zu weinen, die Eltern nachgeben. Diese Information nutzt das Kind aus, um in Zukunft wieder getragen zu werden. Ein entscheidender Faktor des Erfolges bei der operanten Konditionierung scheint, ein gewisses Gefühl der Kontrolle zu sein. Kommen die am Versuch teilnehmenden Personen zu dem Entschluss, dass sie keine Kontrolle über die Situation haben, bzw. dass ihr Verhalten keine Konsequenz für auftretende Reize mit sich bringt, verharren sie in eine Art der passiven hilflosen Haltung. In einem Tierexperiment von Seligman wurde dieses Phänomen untersucht und wird heute auch als gelernte Hilflosigkeit bezeichnet.[20]

Ein wesentlicher Faktor der operanten Konditionierung besteht in der Kontrolle bzw. der Erwartung einer Kontrollmöglichkeit. Für eine erfolgreiche operante Konditionierung ist es wichtig, dass der Organismus das Erlebnis hat, dass die Bekräftigung unter seiner Kontrolle steht und erwarten kann, dass die Handlung wirksam ist.[21] Zu einer weiteren Lerntheorie gehört das kognitive Lernen, auf das im nächsten Abschnitt genauer eingegangen wird.

2.3 Kognitives Lernen

Behavioristen, welche man in der klassischen und operanten Konditionierung antrifft, lehnen grundsätzlich die Kognition ab. Jedoch fanden Kognitionspsychologen heraus, dass die Kognition einen entscheidenden Einfluss auf das Lernen

---

[19] Vgl. Becker-Carus & Wendt 2017, S.325 ; Linderkamp 2009, S.212
[20] Vgl. Maier/Seligmann 1976, S.346
[21] Vgl. Becker-Carus & Wendt 2017, S.329-335 ; Jansen 2015a, S.58 ; Myers 2014, S.316

eines Individuums hat. Der Kernpunkt des kognitiven Ansatz hebt hervor, dass das Lernen in der Fähigkeit höherer Organismen liegt, Aspekte der Umwelt mental zu repräsentieren. Mit diesen mentalen Repräsentationen wird gearbeitet und nicht mit den Umweltdingen selbst. Hierbei kann z.b. das umständliche reale Versuch-und-Irrtum-Verhalten (Thorndike), durch ein mentales Verhalten ersetzt werden. Wie auch schon bei der klassischen und operanten Konditionierung lassen sich auch bei der kognitiven Lerntheorie, Assoziationen zwischen Reizen, Ereignissen und Reaktionen knüpfen. Zudem wurde sichtbar, dass auch der Einsicht in diese Zusammenhänge hohe Bedeutung beim Lernen zugewiesen wird. Beim Lernen durch Einsicht kann so nach einigen Versuchen, eine Lösung für ein Problem erarbeitet werden. Das Lernen der Problemlösung erfolgt plötzlich, bekannt auch als Geistesblitz. Dieser Lösungsansatz kann bei einer nächsten Aufgabe ebenfalls wiederholt werden. Hierbei wird deutlich, dass der Lösungsansatz funktioniert hat, um diesen in Zukunft bei einer erneuten Aufgabe anzuwenden (Transfer). Diese auf Einsicht basierte Problemlösung ist abhängig von der Struktur der Problemlösung.[22] Zu einem weiteren Bereich des komplexen Lernens gehört das Lernen von motorischen und kognitiven Fertigkeiten. Unter dem Begriff Fertigkeiten werden gelernte Integrationen, gut ausgeführter Leistungen verstanden. Dabei sind diese von Kompetenzen und Fähigkeiten zu unterscheiden. Darüber hinaus beinhalten Fertigkeiten nur ein Maß an Zielerreichung w.z.B. in Folge von wie gut, wie schnell oder wie viel an Leistung erwünscht oder erforderlich ist. Zudem werden sie durch stetiges Üben verbessert.[23] Ebenfalls gibt es ein Phänomen des latenten Lernens. Dabei wird, anders als bei der klassischen und operanten Konditionierung, ohne einen Verstärker / Reiz gelernt. Dieses Phänomen wurde anhand von folgendem Experiment von Tolman verdeutlicht. Hierbei erkundeten Ratten ein Labyrinth, ohne im Gegenzug dafür etwas zu bekommen. Als die Ratten aus dem Labyrinth entkommen sind und eine Belohnung auf sie wartete, wussten sie genau, wohin der Ausweg führt und haben es aus diesem Grund schneller hinausgeschafft, als eine Kontrollgruppe, welche das Labyrinth zuvor nicht erkundet hatte. An diesem Experiment wird deutlich, dass die Ratten ihr erlerntes Wissen des latenten Lernens aktiviert haben.[24]

---

[22] Vgl. Becker-Carus & Wendt 2017, S.335
[23] Vgl. Becker-Carus & Wendt 2017, S.336
[24] Vgl. Becker-Carus & Wendt 2017, S.340-341 ; Koch & Stahl 2017, S.340

Das wichtigste Kriterium des kognitiven Lernens ist, dass durch die Sprache, dass gesellschaftliche Umfeld oder durch Beobachtungen intellektuelle Informationen erworben werden. Im nächsten Abschnitt wird das Konzept des Modelllernens näher erläutert.[25]

2.4 Modelllernen

2.4.1 Erklärung des Konzeptes: Modellernen

Das Modelllernen, auch bezeichnet als Beobachtungslernen, Imitationslernen oder soziales Lernen, differenziert sich von der klassischen und operanten Konditionierung. Ursächlich hierfür ist, dass ein Individuum das Verhalten, welches es zu lernen bzw. zu verändern versucht, nicht selbst ausübt, sondern andere Personen bei ihren Verhalten beobachtet, um es auf die eigene Person bzw. das eigene Verhalten zu übertragen. Bedeutsam für das Modelllernen ist dementsprechend, dass eine Person und ihr Verhalten beobachtet wird. Die beobachtende Person bewertet dieses Verhalten, indem sie entscheidet, ob Sie das Verhalten auf sich überträgt. Besonders in Sozialisierungsprozessen des Menschen wird beobachtet, dass Lernen häufig alleine durch Beobachtung und Nachahmung von Vorbildern bzw. Modellen erfolgt.[26] Insgesamt wird besagt, dass Modelllernen vor allem dann gut stattfindet, wenn Faktoren wie Sympathie, Ähnlichkeit zum Beobachter oder Bewunderung im Hinblick auf Merkmale und Eigenschaften des Modells mit dem Beobachter bestehen.[27] Um einen guten Effekt des Beobachtungslernen zu erzeugen, sollten auch die Parameter Alter, Geschlecht und das äußere Erscheinungsbild dem lernenden Probanden möglichst ähneln.[28] Dieser Effekt geht soweit, dass auch das Belohnungszentrum des Beobachters aktiv wird, wenn er eine andere Person bei der Bewältigung einer Aufgabe beobachtet.[29] Zwei weitere Faktoren die ebenfalls von großer Bedeutung beim Lernen anhand eines Modelles sind, wären das Hineinversetzen und das Mitempfinden. Hierfür sorgt das interessante Phänomen Theory of Mind. Bei diesem Phänomen werden Spiegelneurone aktiviert, die dafür sorgen, dass Empathie und das Hineinversetzen in andere Personen möglich ist. Ebenfalls

---

[25] Vgl. Jansen 2015, S.16 ; Myers 2014, S.292
[26] Vgl. Becker-Carus & Wendt 2017, S.342
[27] Vgl. Myers 2014, S. 319
[28] Vgl. Linden 2008, S.230-231
[29] Vgl. Mobbs et al 2009, S.900

führt dieses Phänomen zu einer Sprachbildung, denn z.B. Kinder können dadurch besser Lippen- und Zungenbewegungen nachahmen.[30] Diese Fähigkeit ist zudem verantwortlich dafür, dass Emotionen von Mensch zu Mensch übertragbar sind. Dabei wird von einem neurologischen Echo im Beobachter gesprochen, dass dazu führt, das beobachtete Handlungen als selbst durchgeführt, in Erinnerung bleiben.[31] In einem Experiment mit der Angst vor Schmerzen wird deutlich, dass das Modelllernen auch als stellvertretende Konditionierung angesehen wird. In diesem Experiment hat der Beobachter seinen Arm in normales und eiskaltes Wasser gesteckt und dabei die Modellperson beobachtet. Hat die Modellperson ein schmerzhaftes Gesicht gezeigt, so hat der Beobachter das Wasser folglich als schmerzhaft bewertet.[32] Besonders Erfolg versprechend scheint das Beobachtungslernen bei kleinen Kindern und Menschen mit Beeinträchtigungen zu sein. Albert Bandura führte zu dem Thema mit Hilfe der „Bobo-Puppe" einen Versuch durch.[33] Die Kinder beobachteten einen Erwachsenen, der einer Puppe körperliche und verbale Gewalt zuführte. Hierbei zeigte sich, dass die Kinder die diese Gewalt beobachten konnten, das Verhalten häufig nachahmten. Durch die Imitation lernten die Kinder, dass Gewalt keine Hemmschwelle aufweist. Im jungen Alter sind vor allem die Eltern Modellpersonen, von denen gelernt und imitiert wird. Aber auch Lehrer, Erzieher, Figuren aus Filmen und andere Erwachsene die besonders respektiert werden, gehören zu Modellpersonen. Im Erwachsenen-alter erfolgt das Modelllernen aufgrund von beruflicher Tätigkeit größtenteils im Team oder bei qualifizierten Vorgesetzten. Besonders für Kinder und Jugend-liche ist es förderlich, sich an Personen zu orientieren, die sie positiv in ihrer Ent-wicklung unterstützen. Als Beispiel zeigt sich hier sehr deutlich, dass für Kinder deren Eltern dauerhaft Zeit am Handy verbringen, ihr Handy einen größeren Stel-lenwert hat, als eine bewegungsfreundliche Freizeitgestaltung. Der darauffolgen-de Abschnitt beschreibt den Einfluss von Kognition auf das Modelllernen.

2.4.2 Einfluss von Kognition auf Modelllernen

Das Modelllernen, auch sozial-kognitive Lerntheorie benannt, beruht auf der

---

[30] Vgl. Becker-Carus & Wendt 2017, S.343 ; Hofer 2009, S.121
[31] Vgl. Lindner, Echterhoff, Davidson & Brandt 2010, S. 1291-1299 ; Myers 2019 S.320-321
[32] Vgl. Kapperssen & Herrmann 2013, S.508
[33] Vgl. Bandura, Ross 1961, S.582

Beobachtung des Verhaltens anderer Personen. Hierbei werden bevorzugt menschliche Vorbilder beobachtet. Der Beobachter bildet sich im Anschluss eine eigene Meinung, ob er das Verhalten für sich übernimmt oder es sein lässt. Menschen orientieren sich gerne am Verhalten anderer, jedoch können positive und negative Beeinflussungen eintreten. Ein positives Bsp. wäre das ehrenamtliche Engagement. Ohne ehrenamtlich tätige Personen könnten Sportvereine nicht aktiv das Vereinsangebot aufrechterhalten. Die beobachtende Person erhält einen Einblick in die Arbeit eines Ehrenamtlichen und wird evtl. in absehbarer Zeit auch ehrenamtlich aktiv. Ein negatives Bsp. könnte sein, wie ein Kind beobachtet, dass sein Mitschüler ständig im Unterricht stört. Es kann jetzt zu dem Entschluss kommen, dieses Verhalten nachzuahmen und auch durch Störungen aufzufallen.

2.4.3 Imitation und Nacheifern

Wie bereits erwähnt, definiert sich das Modellernen im Wesentlichen damit, ein beobachtendes Verhalten nachzuahmen. Es gibt zahlreiche Möglichkeiten dieses beobachtende Verhalten nachzuahmen. Hierbei wird zwischen der echten Imitation, der scheinbaren Imitation und des Nacheiferns unterschieden, welche im Folgendem beschrieben werden. Unter der **echten Imitation** wird das genaue Abbild des beobachten Modellverhaltens verstanden. Der Begriff „echt" wird genau definiert und beschreibt die echte Imitation, die sich abgrenzt von einer Verhaltensweise die instrumentell erworben wurde. Imitationslernen erfordert höhere kognitive Prozesse, denn es setzt das Bewusstsein, seitens des Lernenden voraus. Der Lernende ahmt stets bewusst nach.[34] Bei der **scheinbaren Imitation** handelt es sich um scheinbares Beobachtungslernen mit emotionalen Reaktionen bei z.B. der Reizwahrnehmung. Dabei wird zwischen drei Phänomenen wie der Ansteckung, der Beobachtungskonditionierung und der Reizverstärkung unterschieden. Die Ansteckung ist dadurch gekennzeichnet, dass ein Verhalten, welches eine Ansteckung durch visuelle oder akustische Stimuli beim Menschen erzeugt z.B. Gähnen oder Lachen, nicht selbst vom Menschen gelernt wird, sondern genetisch präformiert wurde. Zeigt eine Mutter im Beisein von ihrem Kind z.B. eine Angstreaktion vor einer Wespe, so könnte das Kind in Zukunft, beim Anblick einer Wespe auch Angst bekommen. Hierbei lernt der Organismus, nach einer Beobachtung eine emotionale Reaktion, dieser

---

[34] Vgl. Gluck,M.A.&Mercado, E.&Myers,C.E.2010, S.433

Fall wird auch Bobachtungskonditionierung genannt. Beim dritten Phänomen spricht man von einer Reizverstärkung, bei der das Umlenken von Aufmerksamkeit w.z.b. ein Flugzeug am Himmel zu übereinstimmenden Verhaltensweisen führen kann. Alle drei laufen auf die Nachahmung hinaus, stellen wiederrum nicht die Imitation prinzipiell dar, sondern sind Phänomene bei denen die Imitation nur scheinbar stattfindet.[35] Im Gegensatz zur echten und scheinbaren Imitation ist unter dem Begriff des Nacheiferns zu verstehen, dass nur das Ergebnis identisch nachvollzogen wird. Der Weg, der zum Ergebnis führt, kann dabei auf unterschiedlichen Wegen ausgeführt werden.[36] Der nächste Abschnitt fasst den im Folgenden genannten Theorieteil zusammen und geht mit Vollendung dessen in den Praxisteil der Arbeit hinüber.

2.5 Zusammenfassung

Mit dem Begriff Lernen assoziiert die Psychologie das Verhalten und die Verhaltensänderung, wohingegen im allgemeinen Sprachgebrauch der Begriff Lernen, meist mit dem Erlernen von Faktenwissen oder Fähigkeiten verbunden ist. In der Gedächtnisforschung stellte sich heraus, dass der global umrissene Lernprozess mit verschiedenen Lernarten wie der klassischen Konditionierung, der operanten Konditionierung, dem kognitiven Lernen sowie dem Modelllernen einhergeht. Diese unterschiedlichen Lerntheorien ermöglichen, dass Erlernen von Verhaltensänderung. Bei der klassischen Konditionierung wird gelernt, dass vor dem eigentlichen unkonditionierten Stimulus, welcher eine unkonditionierte Reaktion herbeiführt, ein neutraler Stimulus dargeboten wird. Aus kognitionspsychologischer Sicht lässt sich die klassische Konditionierung, aufgrund einer Vorhersage erläutern. In der operanten Konditionierung dagegen erlernt jedes Individuum, das eigene Verhalten auf Basis von Verstärkern und von Bestrafungen. Hierbei wird z.B. das Verhalten durch eine positive Verstärkung erlernt. Bei einer negativen Verstärkung würde ein unangenehmer Reiz entfernt werden, um eine Verhaltenswahrscheinlichkeit zu erhöhen. Bei einer positiven Bestrafung hingegen wird eine Strafe w.z.B. ein Stromschlag jemanden zu-geführt, um die Auftretenswahrscheinlichkeit zu verringern. Bei einer negativen Bestrafung würde ein angenehmer Reiz w.z.B. die Futterpille trotz Betätigen des

---

[35] Vgl. Jansen 2015, S.64
[36] Vgl. Gluck,M.A.& Mercado, E.& Myers,C.E.2010, S.433

Hebels entfernt. Die Folge hierbei wäre, dass in Zukunft keine Betätigung des Hebels stattfindet. Ein wesentlicher Faktor, der für eine erfolgreiche operante Konditionierung von Bedeutung ist, besteht in der Kontrolle bzw. der Erwartung einer Kontrollmöglichkeit. Der Kernpunkt des kognitiven Ansatzes hebt hervor, dass versucht wird, durch unterschiedliche Lösungen, an die richtige Lösung von Problemen zu kommen. Zunächst werden die Grundlagen aufbauend auf eine Fähigkeit erlernt und geübt, um zum Schluss einen Automatismus der erlernten Fähigkeit herbeizuführen, so dass die erlernte Fähigkeit praktisch unbewusst anwendbar ist. Beim latenten Lernen wird ohne Verstärker/Reiz gelernt, da hier bei der Erwartungshaltung angenommen wird, dass das Erlernte später etwas bringen wird, also eine Erwartungshaltung für eine spätere Belohnung. Im Modelllernen übt ein Individuum das Verhalten, welches es zu Lernen bzw. zu Verändern versucht, nicht selbst aus, sondern beobachtet und bewertet das Verhalten einer anderen Person (Modellperson), um es auf die eigene Person bzw. das eigene Verhalten zu übertragen. Dabei können positive wie auch negative Beeinflussungen auftreten.

Beim Modelllernen gibt es verschiedene Möglichkeiten das beobachtete Verhalten nachzuahmen:

- echte Imitation = das genaue Abbild des beobachteten Modellverhaltens,
- scheinbare Imitation = scheinbares Beobachtungslernen mit emotionalen Reaktionen b.z.B. Reizwahrnehmung
- Nacheifern = Nachahmung nur des Ergebnisses des Modellverhaltens

Das Modelllernen ist eine höchst effektive Lernform, die sich in der täglichen Praxis und der Prävention umsetzen lässt, damit beschäftigen sich die darauffolgenden Kapitel.

3 Modellernen in der Praxis

Wie bereits im Theorieteil des Modelllernens gezeigt wurde, ist das Modelllernen ein gutes System, um ein Verhalten zu erlernen, bzw. ein Verhalten zu unterdrücken. Hierzu lassen sich zahlreiche Anwendungsfelder, sowie Untersuchungen in der Praxis aufzeigen. Die überwiegende Mehrzahl der Untersuchungen mit dem Modelllernen befasst sich mit dem antisozialen Verhalten und es gibt nur relativ wenige Hinweise auf das Modelllernen prosozialer Verhaltensweisen. Zahlreiche Studien gibt es zum Modelllernen zum Thema Gewalt. Diese zeigen auf, dass Eltern von jungen Straftätern körperliche Gewalt w.z.B. Schläge/Prügelein bei der Erziehung einsetzen. Ihre eigenen Kinder sehen die Eltern, trotz allen, als Vorbild für gewaltsames Verhalten. Ein Bereich, der in der heutigen Zivilisation im Modelllernen immer mehr an Bedeutung gewinnt, ist der tagtägliche TV-Konsum, sowie die Internetforen. Dabei zeigt sich nach einem Bericht der Los Angelos Times, dass die Anzahl der dargestellten Gewalttaten in den Jahren 1980 bis 1990 von 18,6 auf 26,4 pro Stunde nach dem Schauen einer amerikanischen Kindersendung stieg.[37] Diese Untersuchungen bestätigen, dass Verhalten welches mehrfach in Fernsehsendungen gesehen, aufgenommen und bewertet wird, sich in immer mehr Fällen im eigenen Verhalten des Individuums widerspiegelt. Allerdings trifft die Annahme, nicht auf jede Person zu, dass nach dem Schauen, vieler actionbasierter und gewaltsamer Fernsehsendungen, Aggressionen gezeigt werden. Ein ausschlagebener Faktor ist dabei, wie sehr sich die Person das Verhalten klarmacht und wie sehr, die Person den Unterschied zwischen Fiktion und Realismus wahrnimmt. Der Konsum von gewalthaltigen Inhalten kann auch einen positiven Effekt mit sich bringen, z.B. im Erlernen eines Berufes, der zur Sicherheit beiträgt.[38] Das Modelllernen kann auch einen prosozialen Effekt haben. Mahatma, Ghandi, Martin Luther King jr. oder Albert Schweizer gelten als Beispiele, dass gewaltloses Handeln zu einer bedeutsamen Kraft für den sozialen Wandel wurde. Sie waren Personen die konsistent ein nicht aggressives, helfendes und unterstützendes Verhalten zeigten und dadurch ein ähnliches Verhalten bei ihren Bewunderern oder Beobachtern hervorrufen konnten.[39] Im Bereich der Personalentwicklung wird das Modelllernen bewusst eingesetzt. Hier werden z.B. Fähigkeiten wie eine wertschätzende Kommunikation zwischen den Mitarbeitern, Kunden und den Führungskräften vermittelt. Auch Auszubildende können vom Modell z.B. der Arbeit eines Vorgesetzten oder Meisters lernen.[40] Im Rahmen der Verhaltenstherapie scheint das Modelllernen ebenso einen effektiven Effekt zu haben. Mit den Prinzipien der klassischen Konditionierung, der operanten Konditionierung wie auch zusätzlich mit dem Paradigma des Modelllernens, können Ängste entgegengewirkt werden. Das Modelllernen kann in diesem Prinzip unterstützend

---

[37] Vgl. Becker-Carus&Wendt 2017, S.345-346
[38] Vgl. Gluck,M.A.&Mercado, E.&Myers,C.E.2010, S.444
[39] Vgl. Becker-Carus&Wendt 2017, S.345
[40] Vgl. Myers 2014, S.322

wirken, in dem Angstpatienten Therapeuten oder Angehörige beobachten, wie diese angstfrei mit angstauslösenden Reizen umgehen. Hier werden Rollenspiele als Methode gerne eingesetzt, bei denen der Therapeut als Modell für das Zielverhalten fungiert.[41] Zur Erklärung des Lernens durch Imitation werden vier basale Prozesse angenommen, die eine erfolgreiche Imitation möglich machen. Dazu zählen die Aufmerksamkeitsprozesse, die Gedächtnisprozesse, die motorischen Reproduktionsprozesse, sowie die Anreiz- und Motivationsprozesse.

Aufmerksamkeitsprozesse: Das Verhalten sowie die Folgen des Modells müssen beachtet werden, um ein erfolgreiches Beobachtungslernen zu erzielen. Das heißt bspw., dass bestimmte Faktoren wie Ablenkung, der Grad der Involviertheit und die Menge an Aufmerksamkeitsressourcen den Lernprozess beeinflussen können. Die Aufmerksamkeit des Beobachters wird durch die Anwesenheit eines Modells erhöht. Auch Handlungen eines Modells können die Aufmerksamkeit des Beobachters erhöhen und als Hinweisreize fungieren.[42] Wenn die Reize den Beobachter ansprechen, in Form von aktuellen Motiven und Bedürfnissen des Beobachters, sowie direkten Aufforderungscharakter und vom Gewohnten abweichen, besteht die Chance auf mehr Beobachtung.[43]

Gedächtnisprozesse: In diesem Schritt ist es von Bedeutung, dass Informationen aus der Beobachtung behalten werden, damit das Gesehene in Zukunft wieder abgerufen bzw. erinnert werden kann. Bleibt das beobachtete Verhalten vergessen, so würde es dazu führen, dass es nicht mehr imitiert werden kann.[44]

Motorische Reproduktionsprozesse: Bei dieser Handlung ist es von Bedeutung, dass das beobachtete Verhalten nicht nur erinnert wird, sondern auch motorisch nachahmbar ist.

Anreiz- und Motivationsprozesse: In der letzten Phase muss das am Modell beobachtete und prinzipiell nachahmende Verhalten, für den Beobachter erstrebenswert sein, um eine Nachahmung zu ermöglichen.

Nach Bandura stellte sich als zentraler Faktor beim Lernen und Handeln die

---

[41] Vgl. Jansen 2015, S.68
[42] Vgl. Michael Bak 2019, S.43
[43] Vgl. Schmithüsen 2014, S.34
[44] Vgl. Michael Bak 2019, S.44-45

Selbstwirksamkeit heraus. Er versteht darunter, die Überzeugung einer Person eine Situation bewältigen zu können. Explizit handelt es sich hierbei um die Erwartung, eine bestimmte Handlung zur Erreichung eines bestimmten Ergebnisses ausführen zu können, genannt auch Kompetenzerwartung. Die Aufmerksamkeits- und Gedächtnisprozesse finden hauptsächlich in der Phase der Aneignung statt, während die Reproduktions- und Motivierungsprozesse in der Phase der Ausführung stattfinden. Um den Prozess des Modelllernens effektiv zu gestalten, lässt sich die Situation des Lernens, optimieren. Hierbei lässt sich die Aufmerksamkeit der Teilnehmer mit dem Hinweis etwas Neues zu erfahren, verstärken oder die Genauigkeit der Wahrnehmung mit Hilfe von Instruktionen zu verbessern. Eine hohe Motivation wird durch emotionale Faktoren, wie die Zuversicht, dass das Erlernende bewältig- und anwendbar ist, erreicht.[45] In diesem Kapitel wurde mit unterschiedlichen Bsp. verdeutlicht, wo das Modelllernen in der Praxis Anwendung findet und die vier basalen Prozesse die für die Imitation von großer Bedeutung sind, erläutert. Das folgende Kapitel setzt den Schwerpunkt auf das Modelllernen in der Prävention.

3.1 Einsatz des Modelllernens in der Prävention

Dem Lernen am Modell wird in der Prävention großen Wert beigemessen. Im Rahmen von Präventionskampagnen wird häufig mit Rollenvorbildern gearbeitet, die ein bestimmtes Verhalten zeigen. Das Ziel dabei ist, dass der Beobachter dieses Verhalten nachahmt bzw. sich damit kritisch auseinandersetzt. Im Alltag lässt sich das Modelllernen im Bereich der Prävention anwenden. Nachfolgend werden Anwendungsbeispiele in der Prävention mit Bezug zu den vier Merkmalen der Imitation vorgestellt. Das Prinzip des Lernens am Modell kann im Bereich der Gewaltprävention, mit Hilfe von Rollenspielen und Feedback zum Verhalten eingesetzt werden, um hinzuweisen, dass Gewalt kein Lösungsweg ist.[46] Bei einem Rollenspiel zum Thema Gewalt kann der Beobachter die Situation aus unterschiedlichen Perspektiven wahrnehmen wie sich Menschen fühlen und welche Konsequenzen sie im Verlauf mit sich tragen. So kann beobachtet werden, dass die gemobbte Person, ein Gefühl von tiefer Trauer entwickeln kann. Der Gedanke an Selbstmord bleibt durch das Gefühl von Wertlosigkeit, dabei

---

[45] Vgl. Bak 2019, S.45
[46] Vgl. Günther 2020, S.28

nicht ausgeschlossen. Dem Beobachter soll dabei bewusst werden, dass dieses Verhalten nicht förderlich ist. Aus der Perspektive des Mobbers wird anfangs vielleicht noch ein Gefühl von Erfolg verspürt, doch relativ schnell, könnte der Teilnehmer feststellen, dass dieses Verhalten negative Konsequenzen, wie Strafen oder gesellschaftliche Ausgrenzung mit sich bringt. Dies könnte zur Folge haben, dass der Teilnehmer zum Entschluss kommt, dieses Verhalten in Zukunft zu unterbinden. Damit auch aus der Situation gelernt wird, ist es von Bedeutung, die vier basalen Prozesse der Imitation, welche bereits im Abschnitt drei detailliert erläutert wurden, anzuwenden. Dementsprechend sollten die Personen mit Aufmerksamkeit das Rollenspiel verfolgen und die resultierenden Informationen im Gedächtnis abspeichern. Das Ziel ist hierbei, dass dem Beobachter in Zukunft bewußt wird, dass gewaltsames Verhalten unterlassen werden sollte und auch andere Mobber von der Meinung überzeugt werden können. Um zu verhindern, dass der Mensch selbst nicht in die Gefahr gerät, gewaltsames Verhalten anzuwenden, gibt es wie auch in diesem Fall, Präventionsmaßnahmen. Jedoch ist es positiv, wenn der Mensch selbst Tätigkeiten z.B. in Form von Yoga, die das erhöhte Aggressionspotential sinken lassen, ausübt. Zudem sollten die Teilnehmer auch eine Motivation bezüglich der Beobachtung mitbringen, dass ein Hineinversetzen (Empathie), in die Betroffenen zu ermöglicht. Ein ausschlaggebender Punkt ist letztendlich, die eigene Willenskraft des Menschen, das Verhalten auch verändern zu wollen. Besonders groß, scheint das Potenzial des Modelllernens im Bereich der Prävention im Kindes- und Jugendalter zu sein. Hier wird häufig der Einfluss des vorgelebten Verhaltens (Vorbildfunktion) der Eltern oder der nahestehenden Angehörigen betont. Dabei zeigten sich z.B. große Zusammenhänge zwischen dem Ernährungsverhalten der Eltern und dem der Kinder.[47] Zur Modifikation kindlichen Essverhaltens wird Imitationslernen als wirksamste Strategie empfohlen.[48] So sollten Eltern es unterbinden, sich in großen Mengen von Fast Food zu ernähren, wenn sie selbst möchten, dass ihr Kind sich gesund und ausgewogen ernährt. Das Gleiche gilt auch für den täglichen Bedarf des Medienkonsums in Form der Handynutzung. Hierbei sollen die Eltern ebenfalls ihren Kindern bewusst zeigen, dass das Handy nicht zu den Prioritäten im Alltag gehört, sondern eine bewegungsfreundliche Freizeitgestaltung, wie Rad-

[47] Vgl. Blitzer,Walter & Lingner 2009, S.165; Ellrott2013, S.57; van der Horst et al 2006, S.222
[48] Vgl. Ellrott 2013, S.57

fahren auch Spaß macht. In diesem Fall müssen die vier basalen Prozesse der Imitation angewandt werden, um erfolgreich imitieren zu können. Vorerst ist die Aufmerksamkeit der Kinder gefordert w.z.b. Modellpersonen ihren Alltag mit gesunder Ernährung, sportlicher Betätigung und geringer Handynutzung gestalten. Diese Informationen werden nun abgespeichert, so dass die Kinder auch der Meinung sind, dass ein gesunder Lebensstil einen großen Teil zur Gesundheit beiträgt. Vorteilhaft wäre, dass die Kinder Spaß und Motivation beim eigenen Umsetzen verspüren. Die Motivation lässt sich durch regelmäßiges Loben der Kinder stets stärken. Ebenfalls wurde das Prinzip des Lernens am Modell erfolgreich in Präventionsprogrammen in Funk und Fernsehen angewandt.

Durch eine Drama-Serie über eine Verhütungsmethode gelang es Forschern in Tansania, die Bevölkerung zu beeinflussen. Im Ergebnis zeigte sich, eine häufigere Nutzung von Kondomen, eine erhöhte persönliche Kommunikation zum Thema HIV, eine höhere Risikoeinschätzung in Bezug auf HIV und ungeschütztem Geschlechtsverkehr, sowie eine geringere Anzahl an Sexualpartnern.[49] Mitte der Achtzigerjahre wurde eine vergleichbare deutsche multimediale Präventionskampagne „Gib Aids keine Chance" ins Leben gerufen. Auch heute noch wird die Aktion teilweise fortgeführt und gilt als sehr erfolgreich.[50] Bei beiden Präventionsprogrammen ist es wichtig, aufmerksam zu sein, um die Informationen im Gedächtnis abspeichern zu können. Diese werden in den jeweiligen Situationen als Wissen abgerufen und können angewandt werden. Im folgenden Abschnitt wird auf Faktoren eingegangen, die die Grenzen des Modelllernens in der Prävention setzen.

3.2 Grenzen des Modelllernens in der Prävention

Auch wenn die Wirksamkeit von einem Präventionsprogramm in Bezug auf das Modellernen oder vom alltäglichen Lernen am Modell in der Prävention empirisch nachgewiesen werden konnte, besteht nie die Garantie, dass dies bei jeder Umsetzung seine Wirkung zeigt. Hierbei wurden in der Präventionsforschung zu Umsetzungsprozessen bedeutsame Faktoren identifiziert, die den Erfolg des Modelllernens Grenzen setzen bzw. nur bis zu einem gewissen Grad effektiv sind. Ein entscheidender Faktor dabei ist, die eigene Willenskraft eines Indivi-

---

[49] Vgl. Peter W.Vaughan, Everett M. Rogers & Rogers , S.203-227
[50] Vgl. Lehmann & Töppich 2009, S. 1147-1150

duums, die dazu beiträgt, dass das gelernte Verhalten auch langfristig aus eige-
ner Initiative ergriffen wird. Ist dies nicht gegeben, sind der Prävention im Modelllernen große Grenzen gesetzt. Insbesondere ergeben sich Grenzen des Modelllernens in der Prävention durch lückenhaftes Wissen über Kausalzusammenhänge oder sozialen Einflüssen und Lebensweisen. Es können aber auch ökono-
mische und politische Interessen eines Individuums sein oder die Verführbarkeit
menschlicher Psyche, sowie die Ressourcenknappheit, die das Lernen am
Modell Grenzen setzen.[51] Im Nachhinein werden die Kapitel des Transferteils
zusammengefasst.

3.3 Zusammenfassung

Zum Modelllernen in der Praxis lassen sich zahlreiche Anwendungsfelder aufzeigen. Dazu gehört z.b die berufliche Praxis, durch die Erfahrungen von Arbeits-
kollegen oder Coaches, sowie auch im familiären Bereich das Modelllernen der
Kinder am Modell ihrer Eltern. Im Rahmen der Verhaltenstherapie scheint das
Modelllernen ebenso einen effektiven Einsatz zu haben, in dem Angstpatienten
Therapeuten oder Angehörige beobachten, wie diese angstfrei mit angstaus-
gelösten Reizen umgehen. Das Modellernen kann zum Teil auch unterbewusst
passieren w.z.b. beim TV-Konsum vieler actionbasierte und gewaltsamer Fernsehsendungen. Hierbei könnte das Modelllernen als Prävention mit Hilfe von Rollenspielen für gewaltsames Verhalten eingesetzt werden. Ebenfalls wurde das
Prinzip des Lernens am Modell in Präventionsprogrammen erfolgreich in Funk
und Fernsehen angewandt, siehe erwähnte Kampagne auf Seite 22. In all diesen
Situationen sind es Modellpersonen, von denen andere Personen lernen und imitieren können. Hierbei sind die vier Merkmale der Imitation stets von Bedeutung.
Diese zeigen auf, dass Menschen im Prozess des Nachahmens den Modellpersonen aufmerksam folgen sollten, um diese Informationen für das spätere
Abrufen im Gedächtnis abspeichern zu können. Dabei ist es von Bedeutung,
dass Menschen selbst in der Lage sind, das Verhalten auszuüben und das
nachahmende Verhalten als persönlich erstrebenswert ansehen. Beim Modelllernen in der Prävention lassen sich unter anderen Faktoren identifizieren, die
den Erfolg dabei Grenzen setzen. Dazu zählt z.B die eigene Willenskraft des Individuums, lückenhaftes Wissen über Kausalzusammenhänge oder sozialisatori-

---

[51] Vgl. Wolfgang, 2009

schen Einflüssen und Lebensweisen. Im folgenden Kapitel werden die Risikenund Chancen bezüglich sozialer Medien und dem Modelllernen diskutiert und zum Abschluss der gesamten Arbeit dessen Fazit und Ausblick betrachtet.

4. Diskussion

4.1. Risiken und Chancen bezüglich sozialer Medien auf das Modelllernen

Das Modelllernen bietet eine Diskussionsgrundlage, die im nachfolgendem Text beleuchtet wird. Risiken und Chancen bezüglich sozialer Medien im Kontext auf das Modelllernen in der Prävention sind Bereiche, die in die Diskussionsgrundlage mit einfließen. Der Begriff Sozial Media ist ein Sammelbegriff für Angebote, auf Grundlage digitaler vernetzter Technologien. Sie ermöglichen Menschen Informationen aller Art zugänglich zu machen und soziale Beziehungen zu knüpfen und zu pflegen. Durch die unterschiedlichen Plattformen wie z.B Facebook, Youtube, Twitter, Instagram, sind die Möglichkeiten zum Austausch und Interaktivität deutlich gewachsen.[52] In der Bevölkerung wird deutlicher, dass soziale Medien auf Grund der vielfältigen Plattformen die z.B. Videos zum Bereich Kochen und Sport präsentieren, einen erheblichen Einfluss auf das Modelllernen, sowie den Bereich der Gesundheitsprävention einnehmen. Hier können sich je nach Bedürfnis für den Nutzer Chancen aber auch Risiken ergeben, welche im Näheren genauer betrachtet werden. Zum Empowerment der Bevölkerung können gute Gesundheitsinformationen beitragen, um die Gesundheit der Menschen positiv zu unterstützen. Webseiten können ebenfalls dazu dienen, die Bevölkerung für bestimmte Gesundheitsprobleme zu sensibilisieren.[53] Die Anonymität der Internetnutzer kann dazu beitragen, dass auf soziale Unterschiede keine Bedeutung gelegt wird und die Bereitschaft steigt, sich über Gesundheitsprobleme auszutauschen. Auch wenn der Rat im Internet nicht von einem Arzt oder Therapeuten kommt, besteht besonders bei Jugendlichen gleichen Alters ein leichteres Identifizieren mit der anderen virtuellen Person. [54] Ein Projektbeispiel, zur Förderung der Impfakzeptanz, zeigt unteranderem bei Eltern große Erfolge, in dem die Impfrate der Kinder signifikant stiegt. Ausschlaggebend hierfür, war die gezielte Verbreitung von Impfinformationen sowie der Austausch über Sozial

---

[52] Vgl. Taddicken & Schmidt 2017, S.6-S.14
[53] Vgl. Stetina & Kryspin-Exner 2009, S.4
[54] Vgl. Döring 2018, S.5

Media unter Müttern.[55] Dargestellte Mediencharaktere, wie Stars oder bekannte Persönlichkeiten auf Instagram, genannt Influencer, können kognitive Prozesse beim Rezipient auslösen oder als Vorbild assoziiert werden. Dadurch könnte ein Einfluss auf die Verhaltensänderungen entstehen. Sozial Media birgt auch vielfältige Risiken und Gefahren mit sich. Online-Inhalte können fehlsteuernde, falsche Hoffnungen und Erwartungen wecken. Besonders der Kontext der Gesundheitsinformationen ist hierbei sehr entscheidend, denn abrufbare Informationen sind häufig von nicht seriöser Art und können schädliche, gesundheitliche Folgen mit sich bringen. Diese möglichen Folgen lassen sich auch auf Gruppenchats beziehen, wobei hier noch weitere Gefahren von sozialen Folgen bestehen können. Zudem werden in den klassischen Medien Gesundheitsthemen häufig dramatisch und sensationslüstern dargestellt, um Quoten zu steigern.[56] Dies kann unter Umständen in der Bevölkerung zu Panik und Desinformation führen. Abschließend ist festzustellen, dass der Einsatz der sozialen Netzwerke sowohl Chancen als auch Risiken mit sich bringt und ein heiß diskutiertes Thema ist. Jedes Unternehmen und jeder private Nutzer muss selbst für sich entscheiden, ob er den Trend der neuen Sozial Media mitgehen möchte oder ob es andere Alternativen gibt.

5. Fazit und Ausblick

In dieser wissenschaftlichen Arbeit wurde verdeutlicht, dass es einige Lerntheorien gibt, welche recht unterschiedlich sind, aber immer mit dem Ziel einhergehen eine Verhaltensänderung zu ermöglichen.

Dabei hatte sich anfangs die Frage gestellt, welchen Einfluss die Kognitionen auf das Lernen eines Individuums haben. Im Verlauf der Arbeit zeigte sich das Kognitionen einen Einfluss auf das Lernen haben, aber es nicht unabdingbar zu einer Verhaltensänderung bei Menschen führen muss. Ein weiterer Aspekt dieser Arbeit war der Bereich des Modelllernens. Unter dem Begriff wird das Lernen durch die Beobachtung und die Bewertung von Verhalten anderer Organismen verstanden, um es auf das eigene Verhalten zu übertragen. Hier zeigte sich unteranderem, dass das Modelllernen mit Erfolg Einsatz in der Prävention findet. Besonders effektiv ist das Modelllernen bei Kindern, da sie größtenteils das Ver-

---

[55] Vgl. Glanz et al, 2017, S.4-S7
[56] Vgl. Loss & Nagel 2009, S.508

halten der Eltern oder anderer Bezugspersonen imitieren. Zu einer erfolgreichen Imitation gehören vier basale Prozesse, die Aufmerksamkeit, die Speicherung im Gedächtnis, die Möglichkeiten des Abrufens und Ausführens von Verhaltensstrukturen, sowie eine gute Motivation. Sozial Media dient aufgrund der vielfältigen Videos als Werkzeug für Imitation, wobei dabei auch Gefahren mit sich einhergehen können z.B. in Form von unseriösen Webseiten. Jedoch besteht nie die Garantie, dass das Modelllernen bei jeder Umsetzung seine Wirkung zeigt, da hierbei bedeutsame Faktoren vorhanden sein müssen, um dem Erfolg keine Grenzen zu setzen. Als Fazit der gesamten Arbeit kann davon ausgegangen werden, dass das Modelllernen im Bereich Sozial Media mehr an Bedeutung und Tragweite durch eine stetig wachsende Nutzerzahl, Nutzungsdauer und des immer jünger werdenden Nutzungsalter gewinnt.

Literaturverzeichnis

Bak, P. (2017). *Lernen,Motivation und Emotion.* Berlin, Heidelberg: Springer.

Bandura, A., Ross, D., & Ross, S. (1961). Transmission of agrression through imitation of aggressive models. *The Journal of Abnormal and Social Psychology,* 63 (3) 578-582.

Becker-Carus, C., & Wendt, M. (2017). *Allgemeine Psychologie 2. Auflage.* Berlin, Heidelberg: Springer.

Blitzer, E. M., Walter, U., Lingner, H., & Schwartz, F.-W. S. (2009). *Kindergesundheit stärken.* Berlin, Heidelberg: Springer.

Döring, N. (2018). *Handbuch Gesundheitskommunikation.* Wiesbaden: Springer.

Ellrott, T. (2013). *Psychologische Aspekte der Ernährung. Diabetologie und Stoffwechsel.* Stuttgart: Georg Thieme Verlag KG.

Glanz, J., Wagner, N., Narwaney, K., & Kraus, C. (2017). Web-based Social Media Intervention to Increase Vaccine Acceptance: A Randomized Controlled Trial.

Günther, M. (2020). *Gewalt an Schulen - Prävention (1. Auflage).* Wiesbaden: Springer.

Günther, M. (2020). *Gewalt an Schulen - Prävention 1. Auflage.* Wiesbaden: Springer.

Jansen, L. (2015). *Lernen und Gedächtnis.* Riedlingen: Studienbrief der SRH Fernhochschule - The Mobile University.

Kappesser, J., & Hermann, C. (2013). Psychotherapeut 58. In *Entstehung und Aufrechterhlatung von chronischen Schmerzen* (S. 503-517). Berlin, Heidelberg: Springer.

Kiesel, A., & Koch, I. (2012). *Lernen.* Wiesbaden: VS Verlag für Sozialwissenschaften .

Koch, I., & Stahl, C. (2017). *Lernen Assoziationsbildung Konditionierung und implizites Lernen .* Berlin, Heidelberg: Springer.

Kryspin-Exner, I., & Stetina, B. U. (2009). *Gesundheit und Neue Medien.* Vienna: Springer.

Lehmann, H. (2009). Gesundheitliche Aufkärung als Risikokommunikation. *Bundesgesundheitsblatt - Gesundheitsforschung- Gesundheitsschutz. 52 (12),* 1147-1150.

Linden, M., & Hautzinger, L. (2008). *Verhaltenstherapiemanual 6 Auflage.* Berlin, Heidelberg: Springer.

Maier, S., & Seligman, M. (1976). Learned helplessness: Theory and evidence. . *Joarnal of Experimental Psychology,* Genaral, 105 (1), 3-46.

Mercado, E., Myers, C., & Gluck, M. (2010). *Lernen und Gedächtnis - Vom Gehirn zum Verhalten.* Spektrum Akademischer Verlag.

Mobbs, D., Yu, R., Meyer, M., Passamonti, L., Seymour, B. C., & al., e. (2009). A Key Role for similarity in Vicarious Reward. *Science,* 324 (5929), 900-900.

Myers, D. (2014). *Psychologie.* Berlin, Heidelberg: Springer.

Schmidt, J.-H., & Taddicken, M. (2017). *Handbuch Soziale Medien.* Wiesbaden: Springer.

Schmitthüsen, F. (2014). *Lernskript Psychologie: Die Grundlagenfächer kompakt.* . Berlin, Heidelberg: Springer Gabler (Band 10).

Süddeutsche Zeitung (2014). Wieso Handys für Kinder gefährlich sind, Abgerufen am 15.05.2021. Verfügbar unter: https://www.sueddeutsche.de/gesundheit/haltungsschaeden-durch-technik-aerzte-warnen-vor-dem-smartphone-nacken-1.2231463

Vaughan, P., & Rogers, E. (2000). A Stage Model of Communication Effects: Evidence from an Entertainment-Education Radio Soap Opera in Tanzania. *Joarnal of Health Communication, 5 (3),* 203-227.

Wirtschaftsswoche (2015). Wieso Handys für Kinder gefährlich sind, Abgerufen am 15.5.2021. Verfügbar unter: https://www.wiwo.de/technologie/forschung/ablenkung-und-suchtgefahr-wieso-handys-fuer-kinder-gefaehrlich-sind/12394744.html

ZEFQ (2009). Möglichkeiten und Grenzen der Prävention, Abgerufen am 3.06.2021. Verfügbar unter: https://zefq-journal.com/article/S1865-9217(09)00215-3/abstract